★ EN VEDETTE DANS CE LIVRE ★

STEGOSAURUS

(STÉGO-ZO-RUSS)

SAVAIS-TU QUE...

Stegosaurus peut être décrit comme un dinosaure ayant un corps presque aussi gros qu'un autobus, une tête de la taille d'un cheval et un cerveau petit comme une noix de Grenoble? Si cela paraît bien étrange, tu découvriras dans les prochaines pages comment cette drôle de combinaison arrivait à fonctionner…

Stegosaurus signifie «lézard à toit»

PLANTONS LE DÉCOR

Tout a commencé quand les premiers dinosaures sont apparus il y a environ 231 millions d'années, pendant le Trias.

C'était le début de l'ère des dinosaures, une période où ils allaient être les rois du monde !

Les scientifiques appellent cette période le

MÉSOZOÏQUE.

(mé-zo-zo-ic)

Elle a duré si longtemps qu'ils l'ont divisée en trois parties.

Le TRIAS

51 millions d'années

il y a 252 millions d'années

Le JURASSIQUE

56 millions d'années

il y a 201 millions d'années

Stegosaurus a existé durant le Jurassique, il y a entre 148 et 154 millions d'années.

Le CRÉTACÉ

79 millions d'années

il y a 145 millions d'années

il y a 66 millions d'années

BULLETIN MÉTÉO

La Terre n'a pas toujours été comme on la connaît. Avant les dinosaures et au début du Mésozoïque, tous les continents étaient soudés et formaient un supercontinent appelé « la Pangée ». Au fil du temps, les choses ont changé, et à la fin du Jurassique, la Terre ressemblait plutôt à ceci.

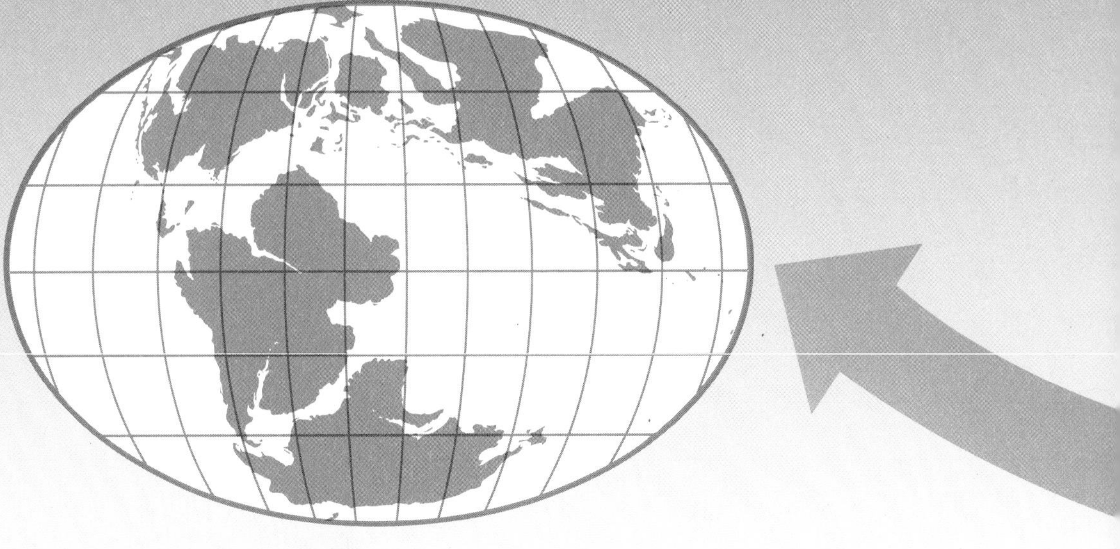

JURASSIQUE IL Y A 150 MILLIONS D'ANNÉES

Période nommée d'après le Massif du Jura, situé dans les Alpes européennes

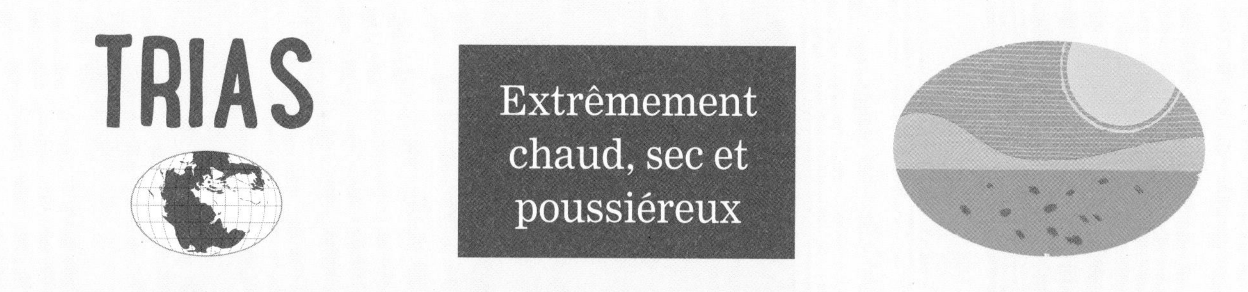

TRIAS

Extrêmement chaud, sec et poussiéreux

JURASSIQUE

Très chaud, humide et tropical

CRÉTACÉ

Chaud, pluvieux et saisonnier

À mesure que les continents se sont détachés, de nouvelles lignes côtières sont apparues. Autrefois sèche, la température est devenue humide et beaucoup de déserts se sont transformés en forêts pluviales luxuriantes.

D'OÙ VIENT-IL?

Voici ce que nous savons à ce jour et où nous l'avons découvert...

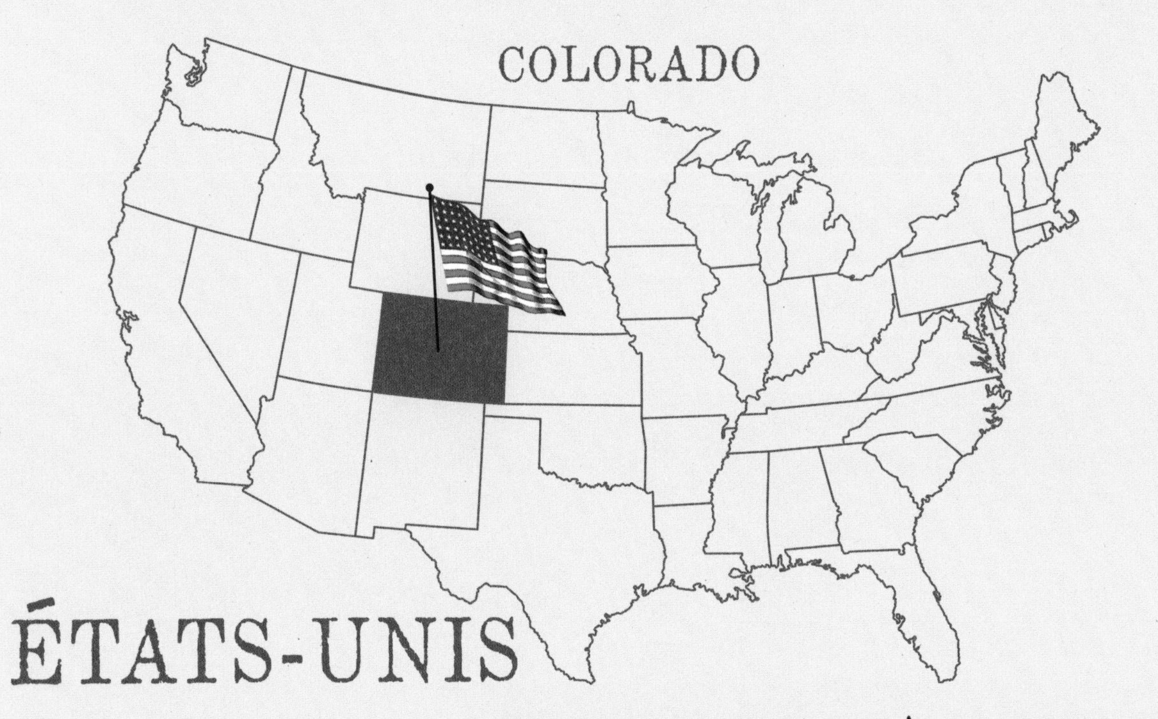

C'EST LE PALÉONTOLOGUE OTHNIEL CHARLES MARSH QUI A DONNÉ SON NOM À STEGOSAURUS, EN 1877.

Plusieurs squelettes partiels, avec des pics et des plaques. L'un de ces squelettes, surnommé Sophie, est un jeune adulte complet à environ 85 %. Il est exposé de façon permanente au Musée d'histoire naturelle de Londres.

Stegosaurus est l'un des dinosaures les plus populaires et emblématiques. On a trouvé la majorité de ses os au Colorado, dans le Wyoming et en Utah, aux États-Unis, mais un spécimen a également été découvert près de Batalha, au Portugal.

Les paléontologues ont jusqu'ici recensé quatre ou cinq espèces de *Stegosaurus*.

PORTRAIT

Pendant le Jurassique, les espèces végétales se sont multipliées, ce qui a créé une abondance de nourriture pour les herbivores, c'est-à-dire ceux qui se nourrissaient de plantes. Les dinosaures sont alors devenus de plus en plus gros!

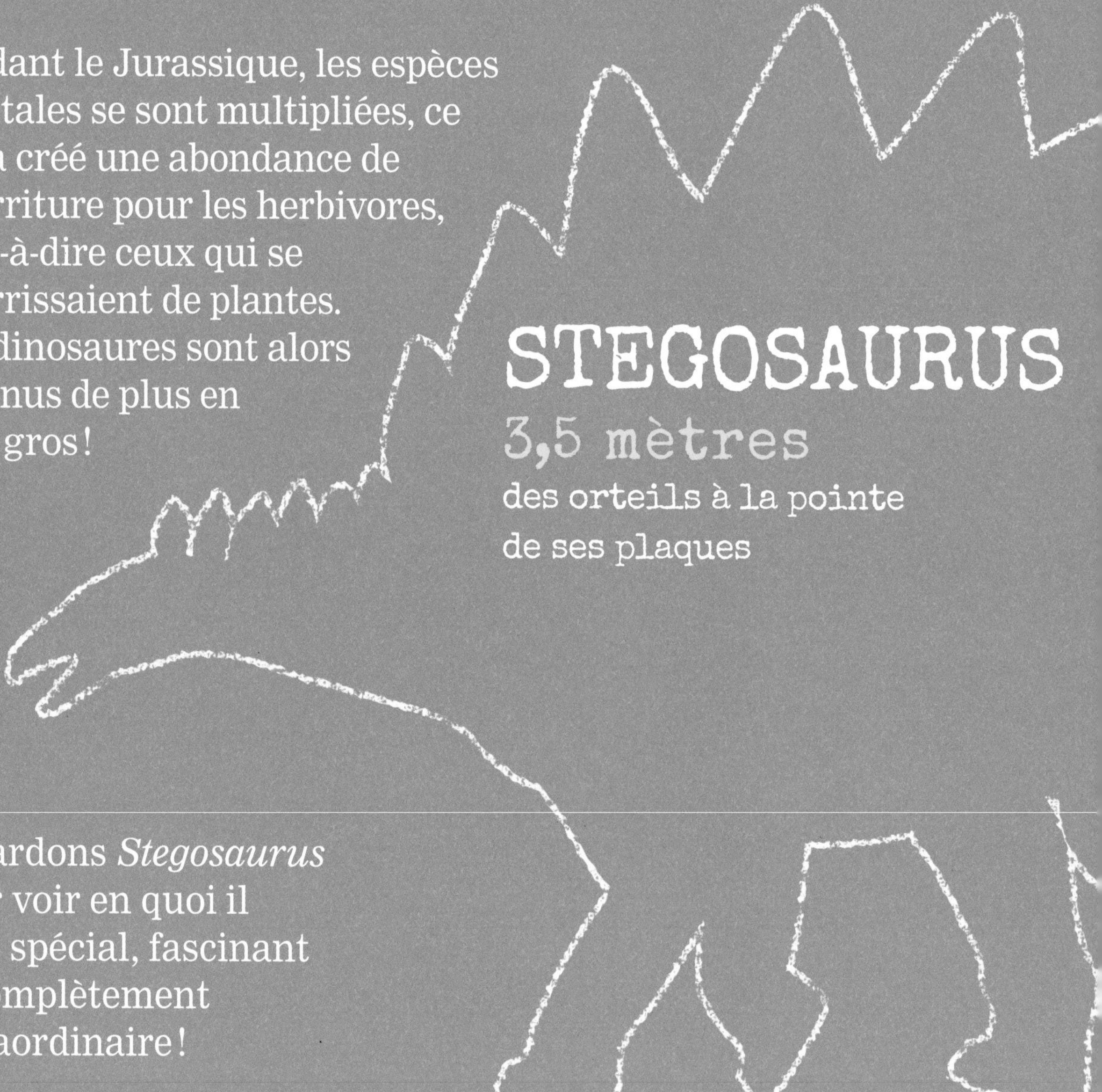

STEGOSAURUS

3,5 mètres

des orteils à la pointe de ses plaques

Regardons *Stegosaurus* pour voir en quoi il était spécial, fascinant et complètement extraordinaire!

Les plaques dorsales de *Stegosaurus* le faisaient paraître plus grand et peut-être même plus intimidant !

Nous reparlerons bientôt de ces plaques spéciales…

PORTE

2 mètres

STEGOSAURUS

Longueur : jusqu'à 9 mètres
Hauteur : 3,5 mètres
à l'extrémité des plaques
Poids : de 3500 à 4000 kilogrammes

AUTOBUS À ÉTAGE

Longueur : 11 mètres **Hauteur :** 4,5 mètres **Poids :** 8000 kilogrammes (vide) **Largeur :** 2,5 mètres

11

ÉLÉPHANT D'AFRIQUE MOYEN

Longueur : 6 mètres

Hauteur : 3,5 mètres

Poids : 5000 kilogrammes

SOURIS

TROUILLE-O-MÈTRE

Où se classe *Stegosaurus* ?

AUCUNEMENT TERRIFIANT

1 2 3 4 5

Quand il mange et se promène.

Quand on l'attaquait, *Stegosaurus* agitait probablement son immense queue sans retenue !

6 7 8 9 10

COMPLÈTEMENT TERRIFIANT

Quand nous avons commencé à découvrir des dinosaures, nous pensions qu'ils étaient plutôt stupides !

Par la suite, quelques scientifiques ont cru que certains dinosaures avaient un second cerveau près de leur derrière ! On sait aujourd'hui que rien de cela n'est vrai.

Les scientifiques reconnaissent maintenant que les dinosaures n'avaient qu'un seul cerveau et qu'ils étaient plutôt futés pour des reptiles. Certains comptaient même parmi les plus intelligentes créatures sur Terre pendant le Mésozoïque. Cela dit, la plupart des mammifères actuels n'auraient rien à leur envier sur ce plan.

En tenant compte de :

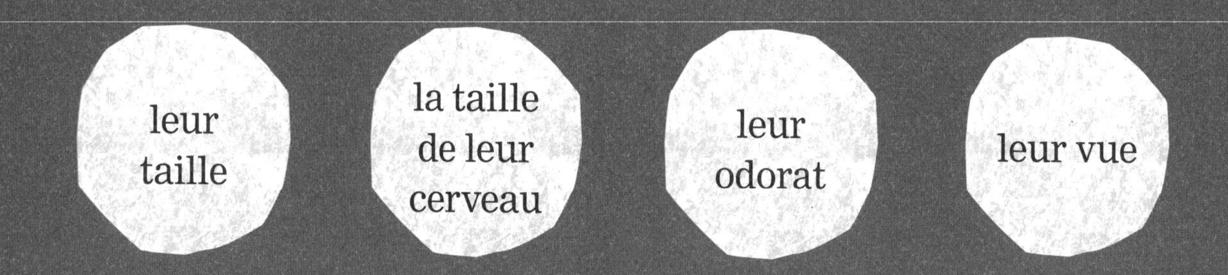

les scientifiques sont en mesure de les comparer les uns aux autres...

OÙ FIGURE STEGOSAURUS, UN HERBIVORE, AU PALMARÈS DE CERVEAUX ?

Dinosaure	Note	Régime
TROODON (tro-OH!-don)	10/10	CARNIVORE (le plus intelligent)
ALLOSAURUS (ALLO-zo-RUSS)	8/10	CARNIVORE
IGUANODON (i-GWA-no-DON)	6/10	HERBIVORE
STEGOSAURUS (STÉGO-zo-RUSS)	3/10	HERBIVORE
ANKYLOSAURUS (an-KILO-zo-RUSS)	3/10	HERBIVORE
DIPLODOCUS (di-PLO-do-KUSS)	2/10	HERBIVORE (pas tellement intelligent)

RAPIDOMÈTRE

LENT

1 2 3 4 5

Muni de pattes arrière semblables à des colonnes et de courtes pattes avant, *Stegosaurus* n’était pas un coureur né ! Selon les estimations, sa vitesse de pointe devait se situer autour des fracassants 6,5 km/h. Oui, c’est très lent !

6 7 8 9 10

RAPIDE

SON ÉQUIPEMENT

ARMES

Comme les herbivores devenaient de plus en plus gros, leurs prédateurs ont dû en faire autant. Et puisque *Stegosaurus* était lourd et lent, il avait besoin de toute l'aide possible pour survivre aux attaques !

Plutôt que de fuir les menaces à toutes jambes, on pense que *Stegosaurus* se protégeait et défendait sa position en agitant vigoureusement sa puissante queue pour repousser les attaques. En plus de la taille de celle-ci, son extrémité comportait quatre grosses pointes rigides. On lui a donné le surnom de « *thagomizer* ».

POINTES DE LA QUEUE

PLAQUES PROTECTRICES

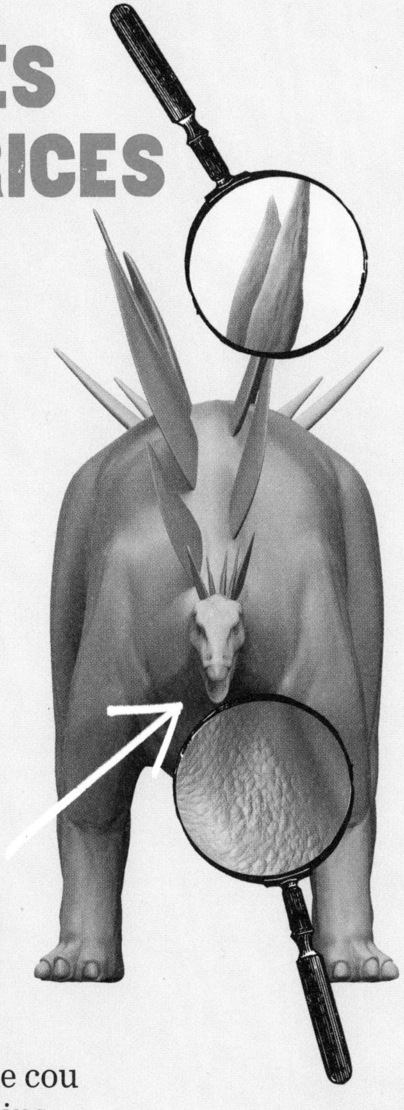

Stegosaurus, ou le « lézard à toit », a été nommé ainsi par Othniel Charles Marsh, qui croyait que ses plaques étaient à plat sur son dos. Aujourd'hui, les scientifiques savent qu'elles étaient plutôt à la verticale et disposées sur deux rangs.

Bien que ces plaques soient la caractéristique la plus notable de ce dinosaure, les scientifiques sont encore loin d'être sûrs de connaître leur fonction !

Elles servaient peut-être :

- de protection pour empêcher les autres dinosaures de sauter sur son dos et de moyen d'intimidation pour le faire paraître plus gros ;
- à contrôler sa température corporelle en suivant ou en fuyant le soleil ;
- à attirer les partenaires !

CUIRASSE JUGULAIRE

Une cuirasse protégeant le cou a été observée sur certains spécimens. Il se peut que seuls les mâles ou seules les femelles en avaient une, ou encore qu'elle apparaissait avec l'âge.

DENTS

Stegosaurus avait un bec de corne sans dents et de toutes petites dents jugales (ou « postcanines ») en forme de feuille qu'il utilisait pour mastiquer sa nourriture.

On croit que *Stegosaurus* était capable de bouger sa mâchoire de bas en haut pour effectuer un mouvement de mastication simple.

Stegosaurus était peut-être pourvu de joues, ce qui lui aurait donné de l'espace pour mastiquer et conserver un surplus de nourriture dans sa gueule avant de l'avaler. Sa tête et sa bouche étant très petites, il lui aurait été fort utile d'avoir des joues vu l'énorme quantité de nourriture qu'il devait manger pour vivre.

Dent de 1 centimètre en taille réelle

La voici agrandie pour que tu en voies les détails

AU MENU

La tête de *Stegosaurus* ne montait pas plus haut qu'à un mètre du sol. Il devait donc se nourrir de plantes basses comme les fougères, les cycadophytes et la prêle.

Selon des recherches récentes, la mâchoire de *Stegosaurus* était de force comparable à celle des vaches que l'on connaît aujourd'hui. On peut donc penser qu'il pouvait manger des plantes coriaces, qu'il effeuillait avec son bec de corne.

QUI HABITAIT DANS LE MÊME VOISINAGE ?

CERATOSAURUS

(CÉRATO-zo-RUSS)

Beaucoup de prédateurs habitaient dans le même voisinage que *Stegosaurus*, dont *Ceratosaurus*.

Ce prédateur de 6 mètres de long avait une grosse tête avec un nez cornu et de grosses dents acérées, ce qui indique qu'il devait chasser des proies de bonne taille. On pense que sa corne avait une fonction esthétique.

ALLOSAURUS

(ALLO-zo-RUSS)

L'un des plus gros mangeurs de viande de son époque, *Allosaurus* était le carnivore le plus répandu sur le territoire où vivait *Stegosaurus*.

Certains pensent qu'*Allosaurus* chassait en groupe ; toute une menace à repousser pour *Stegosaurus* !

?

QUEL ANIMAL VIVANT AUJOURD'HUI RESSEMBLE LE PLUS À STEGOSAURUS ?

Voilà une question épineuse !
En effet, aucun animal existant de nos jours n'a d'énormes épines au bout de sa queue ou d'étranges plaques sur son dos comme *Stegosaurus*.

L'apparence inhabituelle de ce dinosaure en fait une des espèces les plus facilement reconnaissables !

QU'Y A-T-IL DE SI GÉNIAL À PROPOS DE STEGOSAURUS ?

PÉRIODE D'EXISTENCE

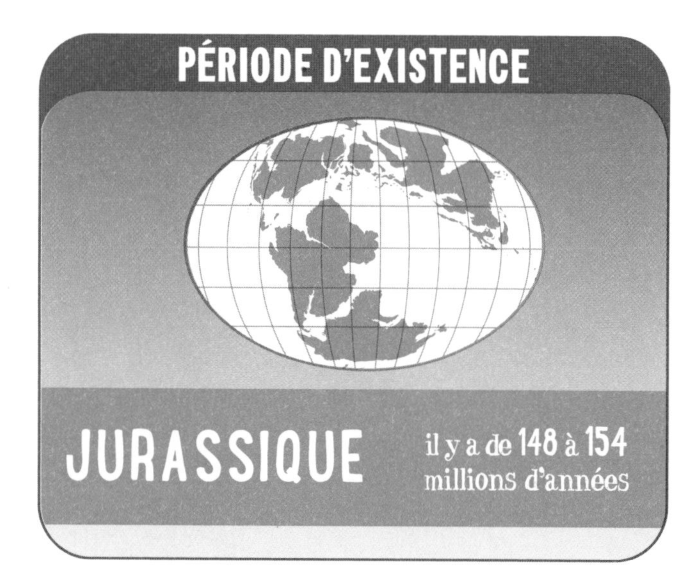

TAILLE DES DENTS

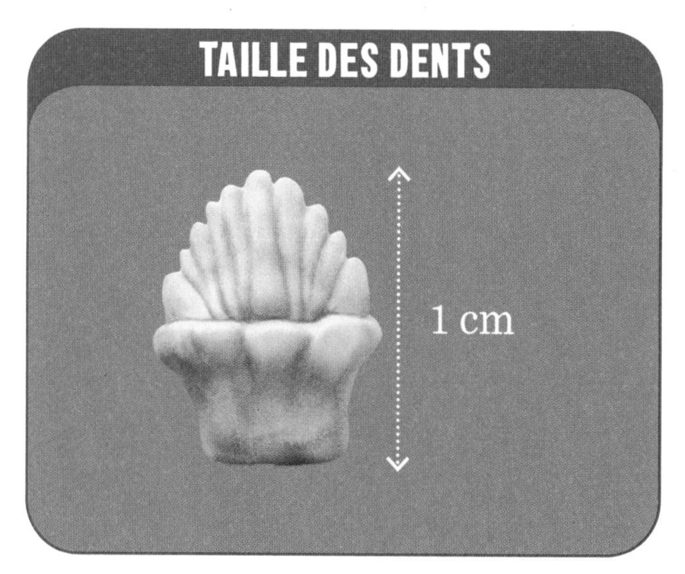

POIDS

RAPIDE OU LENT ?

DÉCOUVERTES À CE JOUR

TERRIFIANT OU PAS ?

VIANDE OU PLANTES ?

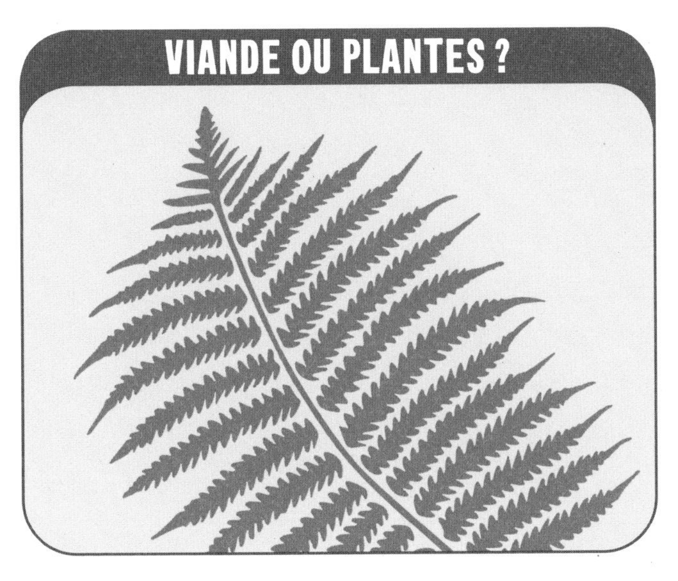

SON ÉQUIPEMENT

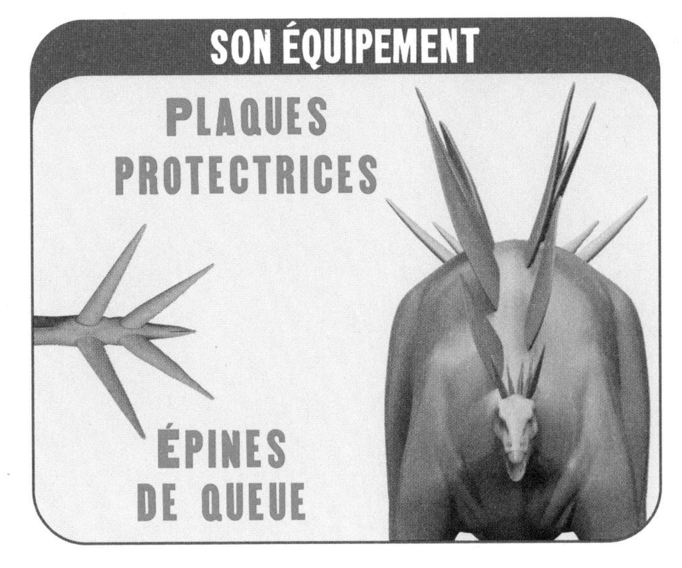

AS-TU LU TOUTE LA SÉRIE ?

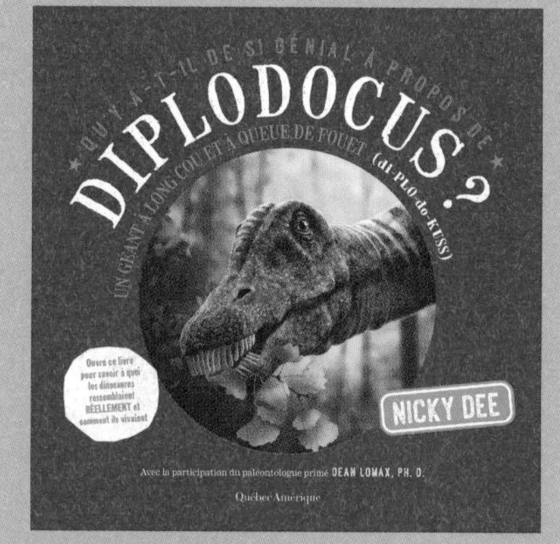

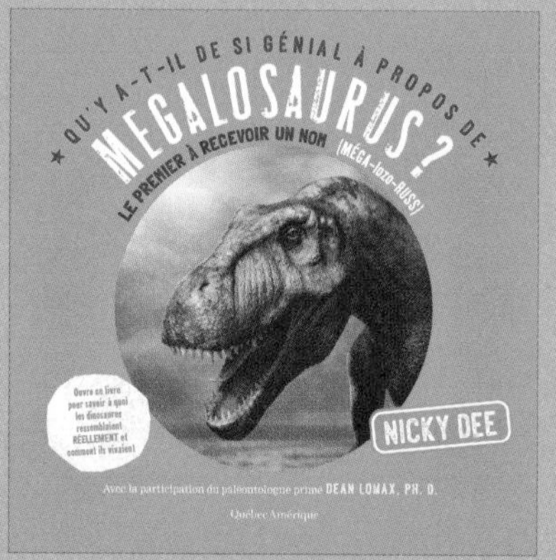

Projet dirigé par Flore Boucher

Traduction : Olivier Bilodeau
Mise en pages : Damien Peron
Révision linguistique : Sabrina Raymond

Québec Amérique
7240, rue Saint-Hubert
Montréal (Québec) Canada H2R 2N1
Téléphone : 514 499-3000, télécopieur : 514 499-3010

Ce texte privilégie la nomenclature zoologique par opposition aux noms vernaculaires des animaux.

Nous reconnaissons l'aide financière du gouvernement du Canada.

Nous remercions le Conseil des arts du Canada de son soutien.
We acknowledge the support of the Canada Council for the Arts.

Nous tenons également à remercier la SODEC pour son appui financier. Gouvernement du Québec – Programme de crédit d'impôt pour l'édition de livres – Gestion SODEC.

Canada | Conseil des arts du Canada Canada Council for the Arts | SODEC Québec

Catalogage avant publication de Bibliothèque et Archives nationales du Québec et Bibliothèque et Archives Canada

Titre : Stegosaurus / Nicky Dee; collaboration, Dean Lomax [et cinq autres]; traduction, Olivier Bilodeau.
Autres titres : Stegosaurus. Français
Noms : Dee, Nicky, auteur.
Description : Mention de collection : Qu'y a-t-il de si génial à propos de… ? | Documentaires |
Traduction de : Stegosaurus.
Identifiants : Canadiana (livre imprimé) 20210069449 | Canadiana (livre numérique) 20210069457 | ISBN 9782764446928 | ISBN 9782764446973 (PDF)
Vedettes-matière : RVM : Stegosaurus—Ouvrages pour la jeunesse. | RVM : Dinosaures—Ouvrages pour la jeunesse. | RVMGF : Albums documentaires.
Classification : LCC QE862.O65 D4414 2022 | CDD j567.915/3—dc23

Dépôt légal, Bibliothèque et Archives nationales du Québec, 2022
Dépôt légal, Bibliothèque et Archives du Canada, 2022

Titre original : *What's so special about Stegosaurus?*
Published in 2021 by The Dragonfly Group Ltd

email info@specialdinosaurs.com
website www.specialdinosaurs.com

Imprimé au Canada

REMERCIEMENTS

Dean Lomax, Ph. D.
Paléontologue remarquable plusieurs fois récompensé, auteur et communicateur scientifique, M. Lomax a collaboré à la réalisation de cette série à titre d'expert-conseil.
www.deanrlomax.co.uk

David Eldridge
Spécialiste en conception de livres.

Gary Hanna
Artiste 3D de grand talent.

Scott Hartman
Paléontologue et paléoartiste professionnel, pour les squelettes et les silhouettes.

Ian Durneen
Artiste numérique de haut niveau, pour les illustrations numériques des dinosaures en vedette.

Ron Blakey
Colorado Plateau Geosystems Inc.
Créateur des cartes paléogéographiques originales.

Ma famille
Pour sa patience, ses encouragements et son soutien extraordinaire. Merci !

FSC www.fsc.org MIXTE Papier issu de sources responsables FSC® C011825